도종길 시집

오래 머물고 싶은 길

국립중앙도서관 출판예정도서목록(CIP)

오래 머물고 싶은 길 : 도종길 시집 / 지은이: 도종길. --
부산 : 푸름사, 2014
    p. ;   cm. -- (두손푸름시인선 ; 75)

ISBN 978-89-94839-10-3 03810 : ₩10000

한국 현대시[韓國現代詩]

811.7-KDC5
895.715-DDC21   CIP2014035680

오래 머물고 싶은 길

2014

두손푸름시인선 75

도종길 시집

오래 머물고 싶은 길

도서출판 푸름사

책머리에

　삶을 지향하는 한 목적의식에서 근거하는 발상이나 순수한 자연과의 교감, 혹은 감성에서 발효하는 여러 현안들이 매개체가 되는 시詩는 어쩌면 시인의 개성이요 목표하는 삶이요 정서일 것이다.

　내용적 의미를 순화, 여과 혹은 초월하는 과정에서 보다 각별한 언어들의 연관성과 삶이 가지는 다양한 현실성 있는 현장성에 무게를 두었다.

　쉬운 시어들이 가지는 의미가 보다 대중성에 근접할 수 있기 때문이리라 믿는다. 한 점 구름이 푸른 하늘로 유유히 떠가는 모습을 보며 나를 잊고 명상에 젖고 싶은 날이다. 더욱 정진하여 보다 큰 높이의 서정시의 진면목을 보여주고 싶다.

2014년 겨울

도 종 길

도종길 시집

차례
책머리에 · 5

제1부 새벽 종소리

빈 의자 — 13
명상의 시간 — 14
망각 — 15
새벽 종소리 — 16
시작의 근원 — 17
아내 — 18
모닥불 — 19
떠나고 싶을 때 — 20
피리소리 — 21
밤바다 — 22
회상 — 23
사랑 — 24
대장간 — 25
가을 설악 — 26
버스 — 27
화해 — 28

제2부 사람과 사람 사이

봄의 전령 — 31
자화상 — 32
존재 — 33
구절초 — 34
더불어 하는 삶 — 35
성벽 — 36
도심의 눈 — 37
사람과 사람 사이 — 38
철인 3종 경기 — 39
어머니의 콩나물 — 40
절개지 — 41
첫인사 — 42
시의 탄생 — 43
행복 찾기 — 44
불꽃축제 — 45
녹음의 계절 — 46

제3부 오래 머물고 싶은 길

위와 아래 — 49
가을 전경 — 50
아침 까치 — 51
어버이 — 52
너의 생각 — 53
거미 — 54
독백 — 55
오래 머물고 싶은 길 — 56
간이버스정류장 — 57
한세월 — 58
취객 — 59
휘파람 — 60
아침의 연가 — 61
세상보기 — 62
사랑 · 1 — 63
고독 하나 — 64

제4부 우리 시대의 삶

교차로 — 67
풀 — 68
시간의 공유 — 69
달동네 — 70
방황 — 71
언약 — 72
야간 운전 — 73
운문사 — 74
술자리 — 75
해운대의 봄 — 76
우리 시대의 삶 — 77
가을 강변 — 78
언어 — 79
서로의 적 — 80
일몰 전경 — 81
습관 — 82

도종길 시집

제5부 양지와 음지

일기 — 85
하나의 삶 — 86
철새 — 87
별자리 — 88
매연과 공해 — 89
하루 24시 — 90
기름과 물 — 91
산 — 92
고향 언덕 — 93
양지와 음지 — 94
꿈속에서 — 95
철길 — 96
단풍놀이 — 97
옥수수 — 98
꽃과 사람 — 99
을숙도 부근 — 100

「작품 해설」
자연과 생활적인 인식의 깊이를 접목한 서정시
시인 崔 東 川 － 103

제 1 부

새벽 종소리

빈 의자

도심의 보도 위 양지 끝에서 졸고 있는
의자를 본다
누군가 앉으면
또 한 사람의 나그네로
얘기 끝을 붙잡고
화제될 의자 하나가

늙은 가로수 아래서
물끄러미 지나는 사람들 보며
무료히 앉아 있는 하오

시간을 헤아리며
간절히 자기를 동무할
주인을 기다리고 있을까

누군가 앉으면 통성명을 하고
세월과 세상 이야기로
서로의 체온을 나누며
조연과 주인공이 될 빈 의자 하나가
24시의 시간을 붙들고 있다

명상의 시간

알 수 없는 표정에 은은한 그늘이 진다
물음 곁에서 또 하나의 물음이 깃든
차디찬 시선의 독백이
한정 없이 유람하는 시간

세상의 아우성도
이익과 존재도 버린
무아의 경지에서
내 안의 나를 찾아 헤매는 시간

텅 빈 마음 가장자리에서
비로소 있는 듯 없는 듯
나의 생애를 뒤돌아보는
나의 자화상을 만나는 시각

망각

결코 뒤돌아보지 마라
지난날의 추억이나 행복 같은 거
또는 아슬한 기회를 실기한 거
억울하게 분노한 한세상은
다시는 생각 마라

한때의 서러움이나
경이로운 존중도
이미 박제된 시간
결코 지난날을 되새김질하지 마라

이미 흘러간 물은 되돌아오지 않는 것
늘 가까이 있는 현재를
다듬고 어루만지며
그대 가장 가까이 있는 희망 하나를
낚시질하기다

새벽 종소리

새벽 푸른 깃발로 일어서라
시간의 눈금 사이로
한 움큼의 빛으로
대지를 포효하는
저 우람한 소리로
우리의 가슴을 흔드는 기백
모두의 기도처럼
신선한 새 아침
하늘구름 한점 유유히 머물듯
가까운 산과 마을
친밀한 이웃을 깨우고
머나먼 우리들의 눈빛을 건너
모두들의 마음 가장자리에 놓이는
오늘도 아득한 귀울림으로 오는
오오, 우람한 신의 말씀

시작의 근원

마음 든든한 하루를 짊어지고
투명한 인사로 하루를 나선다

흩어진 희망이나
울음 같은 사연을 잊고
경건한 목례로 나서는 아침

그리움이 밀물져 오는
정겨운 하루를 위하여
눈부신 햇살 속으로 나를 합류하며
잃어버린 시간을 차례로 깨우며
혼돈의 시간을 물리치고
머물지 않는 미래를 위하여

내 정신이 차례로 놓이는 길 위로
푸르름으로 앞서가는 신새벽

아내

완벽한 하루를 챙기며
내일을 먼저 염려하는 사람
긴 밤을 잠자다
아침이면 기억으로 재생되는 필름처럼

언제나 영양제처럼
나의 희망을 일으키는 사람

누구보다도
먼저 소중한 하루해를 보고
내일을 미리 챙기는 사람

모닥불

어디선가
풀잎 같은 낙엽 냄새가 난다

푸른 달빛 아래
화제가 될 숱한 이야기들을 모아놓고
누군가 이 밤
가을의 낭만과 함께 저물고 있는가

여문 불씨는 아직도
매캐한 냄새로
온 마을을 점령하는데
이 밤 누군가 한 이별처럼
아직도 한해를 못 잊고
가는 밤을 홀로 지키고 있는가

떠나고 싶을 때

홀연히 떠나고 싶을 때가 있다

마음 가는 대로
발걸음 닿는 대로
마중하는 사람 하나 없어도
내 홀로 숨쉬는 작은 공간과 영역
나의 운수가 닿는 곳이라면

어디론가 홀연히 떠나고 싶을 때가 있다

낯선 곳
낯선 하늘 아래
정녕 무심으로
나의 정신을 내려놓을 수 있는 곳이라면
꿈꾸던 나의 추억도 내려놓고
한세상의 상념도 내려놓고

물 맑은 바람과 섞이고 싶을 때가 있다

피리소리

풀잎들의 살(肉)점을 누르면
노랫소리가 난다
바람의 눈 따라
맑게 여울지는
소리들의 어울림
혹은 한 비애처럼 퉁겨나는
서러움 같은
더러는 허무로
이별 같은 아쉬움을 간직하고 있는
저 소리들의 파장
오늘도 간절한 그리움의 조율로
먼 하늘로 날개를 다는
한정 없는 마음 안의
자유같은 평화

밤바다

밤바다에 가면
누군가 못다한 이야기가
통증을 앓고 있다

무리져 오는 날을 세운 파도들
거부하지 못할 몸짓으로
종일 날을 세우는 피안

해풍에 허리 꺾인
방품림들이
종일 뼈들을 일으키며
통곡처럼 어촌을 지키고 있는
달빛 푸른 밤의
영일만 부근

회상

내 마음은 항상
누구에겐가 기울어 있고
기울어진 시간만큼
기억의 틈새는 오리무중이다

늘 마음을 흔드는
지난 시절의 얘기 하나
한 유혹처럼 올가미로
나를 이끌고 있는 오밤중

오늘도 달무리 곁을 지나는
은하수 곁으로
오롯한 얼굴 하나

밤 이슥하도록
수줍은 고백처럼
내외하고 있다

사랑

내 손 위에
그대 손이 놓이면

숨결도 하나 맥박도 하나
심장의 고동소리도
하나가 되는

오오
무지갯빛 같은 평화 같은 거

아아, 지금쯤
지상에서 가장 아름답게
설레이고 있을 눈부심

그대 손 위에
내 손이 놓일 때쯤

대장간

꽃불 속에 잉태한
서늘한 검 하나
지금 스스로를 연마 중이다

명령 하나로
피를 묻힐 그의 정신이
맹렬한 독기를 품고 있다

꽃불 속에
미완성의 검 하나가
미래의 자기를 모른 채
지금 인물을 다듬고 있다

언젠가 피를 묻힐
아찔한 순간을 숨긴 채
불의 불로 타고 있는
검劍 하나가

가을 설악

일년을 고군분투한
나무들의 절멸

이 계절을 가슴앓이로
피를 토하며 혼절하다

먼 산에 얹히는 세월의 무게
어쩌랴
잎 푸른 생성의 처음보다
처절한 생애를 마감하는
황갈색의 비애
남男과 여女는 오늘도
혼돈의 중심에서 어긋난다

아내는 설악에 빠졌고
나는 설악을 품었다

버스

새벽을 일으켜
여명의 시간을 바퀴 돌리며
배움 속으로
삶의 현장 속으로
더러는 오늘의 약속을 위하여
꿈과 희망으로
사랑과 우정으로
때론 서민들의
서러움과 아픔도 함께 하며

종일 힘든 하루를
도로의 주연으로
하루해를 보내는
삶의 지킴이 우리들의
온전한 생활의 수호신
별들이 잠드는 시간
내일 위한 잠시 휴식으로 든 주차장
그의 형체가 달빛 그늘 아래
사람들의 형상을 하고
밤을 지키고 있다

화해

모든 것은 시간이 지나면 과거가 된다
그러나 시간 안에 간직된 억울함이나
낭패한 순간들은
현재를 수습하기 전까지
오래오래 화인으로 남는다
어쩌다 평생의 앙금으로
가슴앓이가 되기도 하는 과거

그러나 종일 가슴을 아리게 하는
칼날 같은 아픔도
어느 순간 그대의
다소곳한 말 한마디로
서로의 그리움이 된다
오늘도 서로의 가슴에 지녀야 할
푸르른 자유 같은 용서 한아름

제 2 부

사람과 사람 사이

봄의 전령

남도는 벌써 봄이다
강물에 어리우는 꽃잎들
그리고 마음 아린
미풍이 지나는 오솔길
새들의 풍류처럼 바람 타고
무리지어 하늘로 오르는 합창소리

강변의 미루나무 몇 그루
물소리 깊은 바람소리와 함께 엉기는
풀잎들의 소리
하루를 맑게 거느리는
꽃의 계절이

강변의 둔덕길에도
먼 산 비구름 얹힌 산에도
내 젊은 날의 꿈처럼
하루를 설레며 건너고 있는 조춘早春

자화상

나는 나를 얼마나 알고 있을까
지금 인생은 어디쯤 나를 부려놓고
주의 깊게 관찰하고 있을까

나를 힘겹게 하던
낭패한 날들은 지금쯤
나의 내부에서
온전한 자유로 있을까

깊은 밤 엄청난 사유로
나의 어깨를 누르던
미래의 근심과 걱정은
아직도 처방은 가능할까

어쩌면
출발을 위한 거울 앞에서
새로운 면식의 또다른 나를
발견해야 할까

존재

늦여름 철지난 매미가
고목나무 위에서 혼자 울어댄다

왼종일 악다구니로
가는 계절을 아쉬워해도
무한 창공을 향해
그의 이름을 새기며
발버둥을 쳐도
누구 하나 관심주지 않는 늦여름

모든 것은 홀로 되면 서럽다
서로 어울려야 빛나는 한세상

사람들은 매미소리보다
철 지난 낙엽 얘기로
이미 가을을 닮아 있다

구절초

외딴 산
바위 틈새
보랏빛으로 물든 자기 얼굴
종일 보고지고
잔바람에 수줍어하며
애간장 태우듯
흐느끼고 있는 혼령인가
넓고 깊은 산을 지키는
산신령의 화신인가
은밀한 나무틈새
여울물 적당히 숨 고르는 곳
요령껏 분수로 자기를 가꾸는
계절의 화신

더불어 하는 삶

오늘 하루는 공평했다
모든 입구에서부터
낯선 이웃들의 물음과
생각을 나누어 가지며
나를 내려놓고
스스로 모든 것을 인식하기까지
하나의 원인에서부터
함께 하는 생을 위해
나를 비웠다

면식이 있는
모든 것의 원인으로부터
자유로운 날
비로소 나는
생애의 가장 즐거운 몸짓으로
세상을 거느리는 풍요한
이유에 닿을 수 있었다

성벽

바람소리와 더불어
숲속의 밀어들이 정오를 깨운다

솔향내음 물 맑은 여울물 소리
다람쥐 나무들 건너는 소리
가까운 산문의 종소리 메아리로 오는데

아득한 고향 소식
그때 그 시절의
애절한 석별의 정
더욱 그리운 하오

능선에서 잠든 목화송이 구름들
기슭을 향해 한껏 몸을 풀어 보는데
오솔길의 바람소리
천년을 기댄 성벽 위에서

눈시울 붉은 잎피리 소리로
천년의 세월을 지키고 있었다

도심의 눈

바람 앞에 더욱 추운 눈
자정을 서성이는 도심의 눈
겨울은 이미 깊이 잠들고
길 잃은 사람들 얼마간
못다한 시간을 헤아리며
눈 속을 헤매이는 자정쯤

아직 잠들지 않은
빌딩의 불빛들
먼 이별처럼 수신호로
계속 다가오는데

아직도 한정 없이 서성이는 눈
한 고독처럼 마음을 먼저 읽고 가는 밤
오늘은 모든 것이 눈이 된다
한 생애의 거룩한 전별처럼

사람과 사람 사이

빌딩 꼭대기에서 아래를 보면
모형처럼 서있는 피조물들 사이로
장난감 같은 사람들이
아슬아슬한 하루를 미로처럼 걷고 있다

빌딩과 어울린 가로수들은
매연과 황사로 목이 메는데
투명한 세상의 무대를 향해
부지런히 제 갈 길을 놓는 인연들이

이 시각 종대로 횡대로 가쁜 숨 몰아쉬며
저마다 시간을 붙들고 있는 하오
영원히 못 잊을 그리움처럼
온갖 피조물들이 차별없이
서로의 근황을 묻고 가는
작은 역사들이 오롯이 자라고 있다
빌딩 꼭대기에서 아래를 보면

철인 3종 경기

무려 226.195km-
천 리의 반도 넘는 이 거리를
죽기 아니면 살기로
달리며 헤엄치며 바퀴 돌리며
그것도 17시간 만에 완주해야 하는
극한점의 한계
무쇠 같은 강인함으로
터질 것만 같은 허파와
용암같이 뜨거운 심장으로
철천지한이 맺힌 듯 이 앙다물고
결코 정복해야 하는 극도의 긴장감의 거리
수영 3.8km 사이클 180.2km 마라톤 42.195km-
온 피부에 박힌 소금꽃과
오장육부의 찢어지는 고통을 감수하며
아, 철인으로 가는 길
아수라장의 골인 지점에서
녹초가 되어 흐물거리는
육신을 간신히 붙잡고
지옥에서 살아온 내 이름을 간신히 불러본다
이 희열과 성취감과 벅찬 감격
아, 철인으로 가는 길

어머니의 콩나물

깊어가는 가을밤
소소한 바람 무리 창가를 두드리면
한이 서린 울엄마 모습 같아
가슴이 저며옵니다

한 가족의 생계를 위해
사철 내내 콩나물 키워
자식들 뒷바라지하신 어머니

달빛 고요한 밤이면
초가집 아랫목에선
어머니의 정성 어린 손길에
콩나물이 무럭무럭 자라고
질화롯가엔 어린 오 남매 옹기종기 모여앉아
설익은 밤을 구워 먹던 그 시절은
지금도 내 유년의 책갈피 속의
흑백사진입니다

굴곡진 한 생애 팔십여 성상을
굽이쳐 흐르는 강물처럼
쉼 없이 달려오신 울어머님

절개지

산을 분질러 놓은
아찔한 저 처참한 몰골

천길 벼랑으로 떨어진
나무들의 눈眼이
꿈속에까지 따라온다

인간이 저질러 놓은
동강난 주검
오늘도 정처 없이 떠도는 바람결에
울부짖는 저 악마 같은 소리

첫인사

말들이 잠시 휴식을 하며
서로들 표정을 들여다보는 사이
시간은 사람들의 어깨 사이를
조심스레 건넌다

잠시의 공백 사이로
무언의 묵상도 명상도
이야기가 되는 한순간

가장 유익하고
아름다운 말들의 선택을 위하여
사람들은 시간속을
꿈속처럼 거닐며
비로소 서로를 위한 처음의
눈과 귀를 가지는 시간

시의 탄생

시의 행간마다
생각도 못한
낯선 언어들이 진을 치고 있다

탄생의 순간을 위하여
일시 침묵으로
자신의 몸을 단련 중이다

새싹과
줄기와 잎과 꽃을 피울
시의 행간들이
지금 이 시각
화려한 부활의 몸짓으로

서로를 내외하듯
오랜 적막 속의 고요로
비밀한 언어들의
뿌리를 나누고 있다

행복 찾기

오늘도 무수히 열람하는 하루의 순서
그것은 현재를 살기 위한
하나의 몸부림이요 자존심이다

하루를 편애한 말들의 언어로
낮과 밤의 습관을 나누어 가지는
탁월한 은혜 같은 날
저 선연한 약속들의 조율을 위해
무수한 인내를 키우며
현재를 참을성 있게 비우는 것은
비운 만큼 큰 사랑의 무게로 오는
내일의 위대함을 얻기 때문이다

모든 것이 한 근원으로 일어서듯이
생명을 유지하는 목마름처럼
한 존재를 꿈꾸는 행복은
어디서든 신앙처럼 산다

불꽃축제

불기둥이 무수한 꽃잎으로

은하수에 닿는다

욕망과 갈증을 한꺼번에 거느리고

우람한 함성으로

불야성의 거리를 만드는

저 목마름의 파편들

무수한 하늘을 점령하는 저 요기

오늘 꽃 지듯

무수한 주검을 눕히는

광안 바다

녹음의 계절

유월의 싱그러운 아카시아 잎들 사이로
오후 2시가 멈추어 서 있다
멱 감는 아이들의 깔깔대는 웃음 사이로
풀꽃들이 환하게 웃는 하천변

아이들의 꿈속으로
뭉게구름도 풍덩 함께 어울리는
아카시아 꽃향기가 묻어오는
유월 한나절

아이들의 파아란 마음들이
온통 하늘과 어울리는 오후
자지러지는 아이들의 웃음 속으로
온통 동화의 나라로 하나가 되는 유월은

제 3 부

오래 머물고 싶은 길

위와 아래

낯설지 않은 다리 위에서
다리 아래의 현재를 생각한다
어쩌면 억울하게 놓인
위와 아래-
타인처럼 낯설다

생각은 늘 어긋나는 것
한 몸이지만
서로의 것이 아닌 위와 아래

오, 길은 끝나고
끝나서도 보이지 않는 존재 하나
비로소 소통으로 하나가 되는
다리의 위와 아래는
우리가 평생 조심스럽게
짐지고 가는 교훈 하나다

가을 전경

본래의 아름다움은 오래 가지 못한다
지극한 정성으로
가끔 치장과 장식을 바꾸어 주어야만
이름값을 하는 요즈음 세상
이 가을 차례로 옷을 벗는 나뭇잎들 앞에서
사람들은 잃어버린 과거를 찾기 위해
아우성이다

그 안에서 가장 자기를 닮은
추억 하나를 찾기 위해
미로처럼 아득한 날들을 헤아리며
나무들의 울음 앞에서
종일 햇볕을 따라다니며
단풍들의 우울을 닮아간다

아침 까치

오늘은 아침부터
늙은 개암나무 위에서
까치가 운다
몇 개 남은 연시밥도 아랑곳하지 않고
동구 밖을 쳐다보며
진종일 조잘댄다

새손님이 오시려나
청마루에 서서
까치발로 종일 내다봐도
아무도 오지 않는 저녁답

돌아오지 않는 이야기처럼 서운해
먼 산 불노을을 향해
돌팔매질로
마음을 지운다

어버이

나무의 뿌리는 튼실하다

비가 오나
눈이 오나
태풍이 자기를 무너뜨릴 때도

사철 오만가지 상을 하고
얼룩진 상처를 치유한다

언제나 의연히 지키는 그곳
그 영역의 지킴이로

한평생 올곧은
뿌리의 힘으로
자기 수족을 챙기는 당신

너의 생각

현弦의 소리처럼
적당한 바람에 실려가는
풀잎들의 소리들과
하나 둘 낙엽이 떨어지는
적요한 밤
잠자리 곁으로
무시로 달려온 너의 소식
한 소절의 고백처럼 아득한데

올 한해도 이루지 못한 언약들
영롱한 풀잎의 이마에 닿는
물방울처럼 아련한데
먼 데서 우울을 만지는 이 하루
엽서로 보낸다

우리가 잃어버린
시간을 되찾을 수 없듯이
오늘의 하루를 셈하며
의문 부호 가득한 서러운 엽서를

거미

바람줄에 걸어놓은 먹이를 사냥하며
거미 한 마리가 묘기를 부린다

하천가 으슥한 풀숲
키 큰 나무 기슭 아래
동그라미로 그물을 지어놓고
언젠가 걸려들 먹이를 위해
아슬아슬한 곡예로
긴 침묵을 만진다

허공에 스미는 달빛 푸른 밤과 어울려
퉁방울눈으로 물구나무를 서는
유령처럼 걸려있는 귀신의 집
물소리 뒤꼍으로
시간만이 적요를 깨우고 있는
거미의 영토
우주가 그 안에 있다

독백

새벽을 뒤척이며 잠 못 드는 밤
창밖에 머문 그림자 사이로
빛들의 속살처럼
푸른 물살이 꿈처럼 머무는데
망각 속에 헤어진
몇 개의 추억들 부질없이 떠나고
여명은 좀 더 가까운
아침을 재촉하는데
이제 일어나야 할
우울처럼 낯선 아침
시간에 떠밀려
올 하루의 중심이 될
육신의 피로가 바위처럼 깊다
아침을 깨우는 새들의 소리로
어제와 또 다른 하루를 짐지고 가야할 시간
이 하루 어디서
나의 돈독한 이름을 섬길 것인가

오래 머물고 싶은 길

늘 우울한 그늘로 자라
지나온 역사를 뒤돌아보는 길

짧은 하루해 근처에서
그림자로 흔들리다가
안개 속을 배회하다
꿈꾸는 면식의 시간 지나
마침내 자기를 열어놓는 길

침묵처럼 번뇌로 고행하다
허공을 꿈꾸다가
세월 가도 머물지 않는
무성한 이야기처럼

오늘도 잠들지 않는 길 하나가
하늘과 땅 사이를 가리키고 있다

간이버스정류장

좀처럼 사람들은 오지 않고
오지 않는 버스를 기다리는
사람들도 불평이 없는 한나절

늙수그레한 사람들 몇
이미 지나간 얘기들을 화제를 삼아
물끄러미 하오를 건너다보며
저마다 가져온 보따리를 여미며
다들 날씨 걱정 농사 걱정이 한창인데

먼 산 그림자처럼 스스로
그늘을 만들고 있는 정자나무 아래서
이미 세월처럼 천천히 멀어져 간
사람들의 이야기로
시간을 잊는 간이버스정류장

한세월

꿈길에서 너와 만나는 추억은
언제나 눈물이 된다
한 시절의 인연을 버리고
잊혀진 서로를 불렀을 때
우린 너무 많은 세월을 건너왔다
흘러가는 계절의 방향 따라
또다시 눈물이 되는 한 시절이
그리움이 되는 시간
오늘도 산소결핍증의 나는
우리가 서로 맑은 의미를 지녔던
순간을 추억하기 위해
눈물이 되는 그 아침의 이야기로
황량한 들판을 지난다
늦은 노을이 또다시 아침을 기약하는
머나먼 그곳으로

취객

야밤, 누군가
발걸음 뚜벅뚜벅 멀어져간 골목길
을씨년스런 가로등 아래
취객 하나 쓰러져 밤을 붙들고 씨름 중이다

가끔 지나는 사람들의 시선에도
그는 요지부동으로
꿈속을 헤매는지
가끔 고래고함으로 육신을 비틀며
자기를 학대 중이다

그를 지켜줄 아무도 없는 이곳
가로등의 하루살이들만
그를 에워싸고 있는 새벽
꿈속에서 누군가 그를 마중하고 있을까
그의 옆을 잽싸게 지나고 있는
검은 고양이의 눈이
새벽을 건너고 있는 삼경 무렵

휘파람

휘파람소리 건넌다
상승과 하강의 효과로
지구를 맴도는
내 안의 명쾌한 현재를 거느리며
그대의 가장 깊은 속앓이 같은 통증과
유려한 내일의 언어들의 근처로 옮겨가는
저 공중을 건너는
휘파람소리 한 소절
그대 떠난 둘레에서
하루 종일 귀울림으로
원무를 그리는 휘파람소리

아침의 연가

창을 열면
아침을 기다린 것들이
일제히 아는 체를 한다

숲과 나무들
새들과 어울린 물상들
맑은 공기 한 아름
하루의 시작을 감사하듯 인사하며
푸른 언어들을 다스린다

세상의 풍요로움과
살아있는 것들의
건장한 웃음이
길을 놓는 쪽으로
우리들의 언행이 먼저 길을 놓는다

세상보기

모두들 어디론가 떠나고 있다
사람도 구름도 차들도
목적지에 닿기 위해
모든 시름과 체면을 버린 채
또 다른 세상의 발자취를 남기기 위해
마치 살아있다는 징표로
자기를 이끌며 어디론가
시간과 거리를 재며 떠나고 있다

한순간 이 세상에서 사라지는 것들을
미처 헤아리지 못한 채
인내하듯 말없이 움직이는
살아있는 것들의 사이
시간 따라 헤아릴 수 없는 이유들도
운수처럼 따라 나선다
영겁의 세월을
무릇 이 지구상에 해가 뜨고 지듯이

사랑 · 1

사랑은 언제나
꽃으로 핍니다

나무나 사람들이나
길가의 이름 없는 풀잎 하나에도
늘 한결같은 그리움을 주면
잊지 못할 그리움이 됩니다

이 세상에서 가장 긴요한 것은
모든 이들에게
골고루 사랑을 나누어 주는 일입니다
사랑은 언제나
이 세상을 유지하는 마력입니다

꽃으로 피는 사랑은
언제나 푸르른 우리들의 미래입니다

무한한 신뢰와 믿음으로
오늘도 내 안에서
꽃으로 피는 당신을 봅니다

고독 하나

소주잔에 비친 지문을 보고
칼바람이 가슴을 파고들던 생각이 납니다

12월의 카렌다 앞에서
옛생각들을 곧추세우며
새벽이 다하도록
현재를 생각하며 과거를 지운 밤은
나를 더욱 아프게 합니다

소주잔에 비친 내가
또 다른 나처럼 허상으로 보이는 밤
꿈속인 양
겨울바람이 휑하니
먼저 달려간 포장마차에서

나의 자화상 하나가
새벽 3시의 밤을
한 고독처럼 지나고 있습니다

제 4 부

우리 시대의 삶

교차로

오늘도 나는 건널목의 빗장을 연다
오래된 습관처럼
지난날의 허물을 벗어버리고
순수하고 정결한 아침을 위하여

투명한 삶의 행로를 정연한 논리로
하루를 셈하며
그 많은 사람들과 어울릴
지도에도 없는 작은 건널목을 향하여
빗장을 연다

이미 스스로 통과한
하루의 목록을 정리하며
길의 길 위에서
하루를 지킨 나를 돌아보며 조심스럽다
오밤중 삐걱이는 문에 귀를 세우듯이

풀

종일 바람의 소리를 흉내 내고 있다
저으기 낮게 속삭이는 여울물 소리같이
저 멀리 하모니로 넓혀가는
잎들의 소리 근처

풀은 바람과 어울리며
때론 은밀하게 그윽하게
세상이야기에 귀 기울이며
종일 방랑자로 떠돈다

오늘 잎들의 바람소리 들으며
일찍 온 노랑나비 한 마리
풀의 이슬 위에서
아슬아슬한 묘기로
세월의 풍문에 귀 기울이고 있다

시간의 공유

이미 떠난 바람은 돌아오지 않듯이
아무리 긴요한 말이라도
오직 타협 없이 시간을 앞서갈 뿐이다

우리가 하루를 마감할
이야기의 앞뒤처럼
발효되지 않은 시간은
언제나 공평함으로
시작과 끝의 둘레에서
먼저 깨달은 자에게
성공의 지름길로 오는 언어들

아침 해돋이처럼
그 말들의 이유를
소중히 간직할 일이다
빈손으로 돌아온 세월을 셈하듯이

달동네

가난한 사람들이 모여 사는 마을엔
늘 궁색한 얘기만 떠돈다
그리고 확인 안된 소문들이
안개처럼 시야를 떠돈다

그리고 아주 작은 이야기들이 부풀려지고
세상의 화려한 이야기에도
관심 갖지 않는 가난한 마을엔
오늘도 사방팔방으로 떠난 희망들이
저녁 이슥해 지옥처럼 돌아온다

이름도 성도 모르는 하루살이 같은 사람들이
질서 없이 헤매는 가난한 마을에서는
오로지 세상 눈치 보기로
내일을 기약하지 않는다
지금도 가난한 마을에서는

방황

아무것도 할 수 없고 가질 수 없는 낭패한 날
무작정 길을 나선다
발부리에 채이는 세상이야기도 아랑곳없이
고통이 주는 또 다른 통증을 인내하며
선혈 돋는 아픔을 만진다

꿈속에서도 위로할 수 없는
얽히고설킨 내 안의 불안한 목록들이
맹렬히 따라오는 시각

어디로 갈 것인가
하나의 위안을 위하여
무작정 발걸음 놓아보는 시각
잠시 내 이름을 잊고
문득 혼돈의 중심에 서 있는
나를 일으키다

언약

당신의 시야 속에서
혹은 당신의 표정에서
오늘 우리가 거룩하게
서로의 하나가 될
꿈으로 태어날 유려한 일상과
우리란 이름으로 부활한
머나먼 미래를 함께 보는 시간

야간 운전

분열하는 천의 눈동자 따라간다

죽음처럼 조용한 밤
추적추적 비는 내리는데
크렉숀 소리 요란하게
차창 밖으로 쏟아지는 비속어들
아편처럼 돋아나는데

가로수 불빛이 수없이 지나고
비엔 젖은 빌딩들이
무안하게 서 있는 거리
앞과 옆을 아슬아슬하게 비켜가는
차들의 모서리를 보며
방어운전이란 말을 되새기며
초심을 잃지 않고

분열하는 천의 눈동자를 따라가는 밤

운문사

구름을 보듯 유유히
세상을 저어가는 바람아
숲과 나무들이 어울린
산울림 깊은 이 산사에서
세상을 노래하거라
일부는 꽃으로 더러는 눈물로 진다 해도
천년을 무표정하게 서있는 일주문 앞
저 견고한 빛과 열의 지존을 보아라
오늘의 임자처럼
영겁의 세월을 지킨
육중한 산비알 보며
법구경 읽는 소리로 하루해가 지면
운문사 깊은 계곡의
선경의 임자들은
하늘에 닿는 지엄한 기도로
부처님과 소통 중이다

술자리

정중한 윗머리에서부터
차례로 놓이는 안줏감
덕담이 칭찬이 적당히 오고간 뒤
잘난 놈 못난 놈이 화제가 되다가
적당한 음담패설이 입가심이 될 즈음
몇 잔의 술이 비워질 때쯤
오늘의 정치를 씹다가
세월을 씹다가 상사를 씹다가
과거와 현재와 미래를 한 바퀴 돌며
서로의 패륜이 되는 낭패한 날

해운대의 봄

범선 하나 수평선으로 멀어지는
꽃바람의 이른 봄 해운대

파도는 무리지어
한사코 피안에 닿는데

바닷새들 부지런히
알몸의 바다 위를 저어 가는데

누군가의 못 잊을 추억처럼
한정없이 명상의 자맥질로 오는 오후

물무늬 고운 몸짓으로
바다의 꽃으로 환생하는 포말들

우리들의 옛이야기들
춤사위로 가슴 설레는 봄

우리 시대의 삶

우리 시대를 따라다니는
수많은 인연들
서로들의 눈치를 보며
오늘을 살기 위한 궁리로 분주하다

나를 앞세우는 목적과
상대의 비위를 맞추며
혹은 자기를 근엄하게 위장하며
상대방의 마음을 먼저 읽으려
애쓰는 세상
누가 적인지 아군인지
분별할 때까지 내 속을 감추고
분수껏 요령으로 사는 세상
다들 귀머거리나 장님처럼
들어도 못 들은 척
보고도 못 본 척
서로의 빗장을 풀 때까지
햇볕의 그늘처럼
엉겨있는 미로를 조심스럽게 걷고 있는
우리 시대의 삶

가을 강변

머나먼 기억을 추억하듯
강기슭의 불빛들
거부할 수 없는 몸짓으로
바람에 흔들리고 있다
언뜻 보이는 달무리 사이로
초가 마을은 한가로운데
시월 근처의 바람들은 벌써
허수아비처럼 사납다

근처의 풀들이 흔들리고
큰 나무들의 정수리에서
가지들이 밤새 우는 밤
강기슭을 걷는 사람들 몇
옛 추억을 회상하듯
가을처럼 저물고 있다

순리를 스스로 터득해야
비로소 깨달음을 얻을 수 있듯이

언어

세상의 모든 것은 미완성이지만
말은 늘 변신한다
하루에도 몇 번씩
사람과 사람사이를 오가며
정답이 없는 물음처럼
하루 종일 서성인다

절대의 희망과 영광을 위하여
언젠가 돌아올 증언을 생각하며
말들의 동무로 시간을 나누며
서로 나누어 가지는 귀

오늘도 불안한 하루를 떠나는
말들의 한 맹세처럼
저마다 고요를 거느리는 사람들이
바람의 어깨를 건넌다

서로의 적

서로가 하나가 될 수 없어
각각 다른 이름으로 불리어지는
이 세상의 모든 것들
서로 섬기고 어울리고
더러는 섞이고
혹은 먹이사슬이 되어
철천지원수가 되어 산다

한세상 한세월 사는 동안
서로의 행복으로만 살 수 없는 것

오늘도 모든 것들이
충혈된 핏빛 동공으로
서로를 할퀴며 사는 세상
순간의 기회를 위해
순한 양의 얼굴로 노리고 있는 적의
하나의 존재는 늘 고독한 것
이 세상의 모든 것들이
절대적인 완성을 가지지 못하듯이

일몰 전경

습관을 지우듯
구름은 나무 위에서 몸을 섞는다

무한 창공을 떠돌던
갈증과 오기를 해갈하듯
하루해를 전별하며
나뭇잎 푸른 냄새에
혼을 빼앗기는 시간
오른쪽 왼쪽으로 조금씩
기울어지는 강을 사이 하고

아직도 산화하지 못한 그의 몸이
고립된 무언의 하늘 언저리에서
어쩌면 아득한 부피로 머물고 있을까

순간 빈 나뭇가지를 흔들며
하늘 한 자락의 추상화로
공중 부양한 그의 몸이
내 안에 해지기로 있듯이

지형지물이 조금씩 변하는
온 세상의 모습들이
비로소 하나의 깨달음으로
내일의 이유에 닿는다

습관

아래에서 위를 본다
위에서 아래를 본다
보이는 것은 매한가지인데
사람들은 제각기 마음의 형상을 만든다

착각으로 과대포장으로
혹은 의기양양하게
햇볕이나 그늘로 옮겨 다니는
똑같은 시간에 하나를 보아도
별리를 가지는 것

오늘도 몇몇의 사람들이
그럴듯한 화제를 놓고
하나의 구실로 혹은
하나의 자존심으로
남을 설득하기 위해 하루를 헤맨다

제 5 부

양지와 음지

일기

오늘의 존재를 계산하면
늘 이익과 손해는
웃음과 눈물 안의 기억으로 온다

순간과 기회를 실기한
잃어버린 뻔한 실수 하나도
이웃과의 불필요한 논쟁도
이 시대의 사람과 사람 사이에서
소설이 되는 저녁 무렵

오늘을 활약한
인생의 멀고도 긴 미로를 챙기며
서로를 기린 모든 것들에 감사하며

나를 알아야 비로소 보이는
오오, 가지 끝에서 우는 새들의
사연을 읽는 밤

하나의 삶

그 하늘 아래
너도 있고 나도 있고
자연과 물소리도 있는데
종일 문이 열리고 닫히듯
아침 저녁이 차례로 오고
시간을 공유하듯
꿈도 이상도 가지며
모든 것은 공평한데

너와 나만 어찌하여 서로 다른가
생각하는 것 사는 것
오늘을 타협하는 것
시간을 알맞게 유지하는 것
모두 다르지 아니하냐
서로의 얼굴이 다르듯
그 하늘 아래 자연 속에
너도 있고 나도 함께 살아가고 있는데

철새

나무와 풀들의 근처에서
환상적으로 춤추며
계절을 알리던 새들
근원도 태생도 모르는
서로의 이름을 부르며
갈 길 먼 이국 하늘을 위해
공중 높이 떠
머나먼 우주의 지도를 그린다

오를 수 있는 하늘길까지
행로의 비밀을 간직하며
모여서 뭉쳐서 하나가 되는
저- 아슬아슬한 묘기
꽃술의 향기처럼
오늘도 머나먼 수수께끼 같은
물음 하나 가지며
머나먼 이국으로 떠나는구나

별자리

달빛 머문 해운대 바다 위
무수한 별들이 쏟아지고 있다

명멸하는 불야성의
네온사인 위로
하나님이 거느린
위대한 별들의 조각들이
온 바다를 떠돌고 있다

바다와 하늘 공간 사이
너와 나의 간격만큼 고뇌하는
한 아름의 심장이 머물고 있는 사이
무수한 지상의 균열을 지나
우리들의 이름으로 낙화하고 있는
별들의 꽃

지금 정중하게 도심의 혈관을
통과 중이다

매연과 공해

이미 도심엔 산소가 없다
모든 나무와 숲들은 산소결핍증으로
부황 든 육체로 하루를 연명한다

사람들은 도심을 탈출하기 위해
시간의 긴 행렬 위에
껍데기뿐인 자기를 맡기고
매일 새로이 단장되는
도심 근교의 전통가옥들이
새로운 역사를 쓰는 곳으로
온통 마음을 빼앗기고
공기와 매연 탄소 배출로
지구는 중병을 앓고 있는데

정치권은 자기 독선과 오만으로
서로의 중상과 모략의 공해로
날이 샌다

하루 24시

오늘도 습관처럼 하루 일을 챙겨본다
언제나 내 마음대로일 수 없는 일
상대에 따라
크고작은 일들이 마무리되는 하루

나의 것이지만 결코 나의 것이 아닌 하루
안절부절하는 사이 후딱 시간이 지나고
이제 몇 시간 남지 않은
자못 긴장되는 하루

사는 날까지
칼날 베인 아픔처럼
불안한 하루는
너와 나를 비롯한
우리 시대의 앞서가는 문명처럼
생애의 마중물이 될 것이다

기름과 물

기름과 물
어쩐지 불안하다

영원히 합치될 수 없는 상극
스스로의 존재 가치로
살아있음을 입증하는
불안한 입자들이
동그라미로 방울져 있다
한 유혹처럼 영원을 가장한
투명한 자존심이

두 눈 부릅뜨고 혼신의 오기로
상대방을 향하여 칼을 베어물고 있다

산

수수 억겁의 세월 흘러도
그 자리 그곳에서
자기를 지키는 범접하지 못할
의연한 그 모습

뭇 생명들의 말없는 안식처 되어
나누어 가지는 화목
사철 근엄한 표정으로
영겁을 다스리는 그의 위용

언제나 스승 같은 존재로
우리의 지킴이로 있는
무한한 자존심

고향 언덕

삼색 바람개비 돌리며
죽마를 타고 달리던
고향의 언덕배기
지금도 가슴 안에 꽃으로 피는
철없던 유년의 추억들

사철 꽃이 피고 지고
별이 뜨고
초가지붕 박이 영글 때면
저녁놀 핏빛으로 물들던
아름다운 고향 산하

지금도 잠 못 드는
고즈넉한 밤이면
꿈속으로 달려가
고향 그 아늑한 품속에 안기며
지천명의 나이를 앓는다

양지와 음지

그늘은 늘 양지 곁에서 서식한다
양지가 빈 몸을 일으킬 때마다
자신의 이름으로
온전한 세상의 이름으로 차지하는 영역
문득 오래 잊은 과거를 들먹이듯이
지울 수 없는 상처를 매만지며
양지 곁에 기생하는 음지

인생이 가지는 꿈도 이와 같으리
서로의 이상과 꿈도 한순간
양지와 음지로 탈바꿈하는 것
언제나 굳건한 의지로
자기를 지킬 일이다
인생은 늘 반전을 아는 사람들만이
성공으로 탈바꿈하는 지름길이므로

꿈속에서

꿈에서 꿈을 본다
간헐적으로 나를 멀리한 과거와
억울한 현재도 위로하며
내일의 희망도 만져 보는 날

나에 대한 정교한 물음 하나 던지며
결코 규명되지 않는 세월의
허명을 버리며
꿈에서 꿈을 보는 날

부질없는 생각들을 짊어진 내가
물소리 깊은 바람소리로
역류하고 있는 날

철길

먼동 트는 아침 떠난
열차의 긴 꼬리-
두 줄기로 나뉜 간격 사이
조금도 양보하지 않는 레일 위로
온갖 사람들의
희비와 교차하는 마음들이
좁혀지지 않는 시선으로 머물고 있듯
멀리서 보면 하나의 소실점인데
영원한 불일치의 평행선으로 달리는
너와 나의 간극처럼

단풍놀이

사람들은 죽어가는 낙엽들 곁에서
목숨을 매단 희망처럼
웃고 떠들며 기념사진을 찍는다
지구의 맨마지막 날같이
형형색색의 옷들을 입고
단풍들의 마네킹처럼
산길마다 계곡마다 만원이다
멀리서 보면 사람들이 단풍인지
단풍나무들이 사람인지
도무지 모르는 계절
가을나무들의 유언을 듣기 위해 모인
저 잔인한 한마당
나무들보다 더욱 많은 사람들로
북새통을 이룬 설악 깊은 계곡

옥수수

야무지게도 끼리끼리 모여
옹골찬 내부를 꾸몄구나
옹기종기 촘촘히 박힌
피붙이 살붙이들을 거느리며
긴 여름해를 보낸
저- 눈부신 의지

뜨거운 태양 아래
혼신의 힘으로 온몸을 달구며
가을을 들여다보는 저 맥박
오늘 서녘 구름 아래
풀벌레들의 가을 노래 들으며
한껏 긴 수염 쓰다듬고 있는

꽃과 사람

이 산 저 산 봉우리마다
불꽃처럼 일어나는 생애의 절정
온 세상을 향해
목청껏 외치고 있는 춘삼월
사람들은 꽃을 만지기도 꺾기도
집에 옮겨 심기도 하지만
모두들 심기 불편한 마음으로
가슴앓이를 한다

나무들의 꽃은 피고지고
수억 겁의 세월 지나도
다시 사랑받는
요염한 계절을 가질 것이지만
사람들의 한 생애는 되올 수 없듯이
탄식으로 오는 꽃의 계절
더욱 큰 비애로
우울을 앓는 춘삼월

을숙도 부근

무심히 흐르는 서낙동강 한편에서
부지런히 따라오는 햇살과 구름은
산 위에서 집을 짓고 있는데
옹기종기 모인 억새꽃들이
해가 지는 쪽으로 일제히 나부끼고 있다
그물을 손짓하고 있는 늙은 어부는
부지런히 오늘의 나이를 헤아려 보는데
바다로 빠지고 있는 우리들의 생각은
아직도 세월의 기별에 닿지 못한다
저녁이 낮은 걸음으로 합류하는 을숙도 부근
뱃길 하나 열고 있는 노을이
먼- 바다의 환시처럼 눈부신 일몰 무렵

| 작품 해설 |

도종길 시인의 시세계를 살피며

자연과 생활적인 인식의 깊이를 접목한 서정시

시인 崔 東 川

■ 작품 해설

도종길 시인의 시세계를 살피며
자연과 생활적인 인식의 깊이를 접목한 서정시

시인 崔東川

　시는 인간이 가지는 무한 영역의 정동적靜動的 관계에서 오는 순환의 원리를 매개체로 한 인간 삶의 실상과 자연과의 교감에서 오는 정서, 그리고 마음 안에 내재된 무한한 존재감과 사랑에 대한 표출이다.
　이런 의미에서 본다면 도종길 시인은 삶을 관조하는 대인관계의 정서와 자연미를 통한 사물을 투시하는 서정성이 확연히 자리 매김한 싯적 효용가치를 지닌 존재감과 감성을 소유한 시인으로 보인다.

　　도심의 보도 위 양지 끝에서 졸고 있는
　　의자를 본다
　　누군가 앉으면
　　또 한 사람의 나그네로
　　얘기 끝을 붙잡고
　　화제될 의자 하나가

늙은 가로수 아래서
물끄러미 지나는 사람들 보며
무료히 앉아 있는 하오

시간을 헤아리며
간절히 자기를 동무할
주인을 기다리고 있을까

누군가 앉으면 통성명을 하고
세월과 세상 이야기로
서로의 체온을 나누며
조연과 주인공이 될 빈 의자 하나가
24시의 시간을 붙들고 있다
─────「빈 의자」전문

 상황적 인식이나 유효한 시기와 때에 따라서 주연도 되고 조연의 역할론으로도 이름값을 하는 의자는 누군가가 앉아 있을때 비로소 의미를 가진다. 하나의 쉼터로 고독과 명상을 기릴 수 있고 또다른 대상과 함께 있으면 현실과 미래 혹은, 서로의 합일론을 도출하기도 하는 장소로 관심사의 중심에서는 의자를 하나의 의미적 요소로 독백체monologue로 회자하고 있는 이 시는 자못 감상적이다.

 안정미를 추구하는 명상적 시각이 돋보이는 시로 여기서의 빈 의자는 도심의 보도 쓸쓸한 한 구석에 홀로 놓여있는 위치를 우리는 먼저 주목해야 한다. 많은 사람들의 일상이 되는 복잡한 도심에서 우두커니 홀로있는 시각, '빈 의자'는 무엇을 생각하고 있을까? 동질성을 가지는 시행들의 차례와 마무리가 현재진행형인 이 시에서 우리는 시간과 세월의 관념을 다시 한번 갖는다. 3연에서는 의인법personification으로 결구를 거느림으로써 소통의 미학을 은연중 강조하고 있다. 시끄러운 도심과 빈 의자로 대별되는 시어에서 우리는 무언가 현실성 있는 어떤 대안을 도입함으로써 싯적 화자가 거느리는 어울림의 공통분모를 물음표로 남겨놓은 이 시는, 4연의 〈누군가 앉으면 통성명을 하고/ 세월과 세상 이야기로/ 서로의 체온을 나누며/ 조연과 주인공이 될 빈 의자 하나가/ 24시의 시간을 붙들고 있다〉에서 보듯, 하나의 소통을 전제로 한 시인과의 개념과 더불어 하는 세월과 세상 이야기를 은유하고 있다.

    풀잎들의 살[肉]점을 누르면
    노랫소리가 난다
    바람의 눈 따라
    맑게 여울지는
    소리들의 어울림
    혹은 한 비애처럼 퉁겨나는
    서러움 같은
    더러는 허무로
    이별 같은 아쉬움을 간직하고 있는
    저 소리들의 파장
    오늘도 간절한 그리움의 조율로
    먼 하늘로 날개를 다는
    한정 없는 마음 안의
    자유같은 평화
                ————「피리소리」 전문

여기서의 피리소리는 우리가 입으로 조율하는 피리가 아니고, 풀잎들이 바람의 저항에 따라 가로 세로 위 아래로 서로

부딪히며 자연 발생하는 소리를 시인은 놓치지 않고 귀 기울이며 듣고 있음을 말함이다. 주의를 기울이지 않으면 쉽게 놓칠 수 있는 그 소리를 사람들의 정서와 감성에 따라 소리의 근원을 찾아가며 맑음과 통렬한 슬픔과 허무같은 한 비애로, 그리고 종내는 이별같은 먼 그리움을 여러 발상적인 전환과 함께 예리한 통찰력으로 실상을 비교분석하고 있다.

특히 첫행의 〈풀잎들의 살肉점을 누르면〉은 빼어난 싯귀이다. 자연미에서 어울리는 바람과 식물들을 관찰하는 예리한 시인의 심미안이 어울림의 소리들을 촉매제로 음악적 요소마저 함축한 이 시는, 신선한 맑음을 표징함으로써 종내는 이상적 자유와 평화를 그리고 있는 시로 명징짓고 있다.

> 내 손 위에
> 그대 손이 놓이면
>
> 숨결도 하나 맥박도 하나
> 심장의 고동소리도
> 하나가 되는
>
> 오오
> 무지갯빛 같은 평화 같은 거
>
> 아아, 지금쯤
> 지상에서 가장 아름답게
> 설레이고 있을 눈부심
>
> 그대 손 위에
> 내 손이 놓일 때쯤
> ──────「사랑」전문

이 세상에서 어쩌면 가장 많은 표제어로서 우리의 감성을 울리고 심성에 접근한 시의 표제어는 단연 '사랑'일 것이다. 어떤 계기가 된 발상적인 전환이나 이성의 마음 안, 그리고 자연적으로 오는 성별적의 태생적 순리나, 어떤 만남의 순서로 서로의 뜻과 이상과 마음이 함께 하는 사랑만큼 아름다움은 결코 없을 것이다. 특히 첫연과 끝연의 5행은 싯적 기법과 기교를 살린 시어들로 참으로 눈부시다.

즉, 1연의 〈내 손 위에/ 그대 손이 놓이면/〉과 끝 연인 5행의 〈그대 손 위에/ 내 손이 놓일 때쯤〉은, 시어의 순서를 바꾸어 변화를 주는 도치법 형식을 취함으로써 말할 수 없는 감각을 주고 있다. 그리고 시어 하나 하나가 주는 이미지는 자못 눈부시다.

2연의 〈숨결도 하나 맥박도 하나/ 심장의 고동소리도/ 하나가 되는〉은 사랑하는 사람이 서로 정신적인 일체와 함께 무아로 가는 합일의 경지를 도출함으로써, 시너지synergy 효과도 함께 지니고 있다. 이 시는 간결미가 우선하는 소박함이 주는 전연체의 맥락과 지고한 맑음의 시어들이 조화로움을 이루는 시의 극치미로 단연 압권이다.

> 나는 나를 얼마나 알고 있을까
> 지금 인생은 어디쯤 나를 부려놓고
> 주의 깊게 관찰하고 있을까
>
> 나를 힘겹게 하던
> 낭패한 날들은 지금쯤
> 나의 내부에서
> 온전한 자유로 있을까

깊은 밤 엄청난 사유로
나의 어깨를 누르던
미래의 근심과 걱정은
아직도 처방은 가능할까

어쩌면
출발을 위한 거울 앞에서
새로운 면식의 또다른 나를
발견해야 할까

──────「자화상」 전문

 시가 가지는 모티브motive는 현재의 정서와 무관하지 않다. 우리 인간은 사실 양면성을 가진다. 평소에도 어느 순간 문득 자신을 뒤돌아보며 자신이 간직한 혹은 자신의 마음 안에 내재된 또다른 자기의 모습을 보고 놀라기도 하고 깨닫기도 하며, 더욱 발전적인 모습으로 또다른 높이의 자신을 창출하는 계기가 되기도 하는 것이 인간이다. 일면 그것은 내재된 자아라기도 하지만, 이는 절대절명의 순간이나 순식간에 변한 환경적인 요인이거나 때로는 새로운 발전의 기회를 삼을 때 오는 현상일 것이다.
 여기서는 현재의 자기와 이면의 자기를 통찰하려는 예민한 시각적인 구성으로 이분법한 화자로, 자신의 현재의 심정과 또다른 자기로 대치되는 자기를 발견함으로써 서로 상치되는 의식과 관념을 되묻는 콘텐츠contents로 이루어지고 있다. 그것은 각 연의 끝연인 〈주의 깊게 관찰하고 있을까〉, 〈온전한 자유로 있을까〉, 〈아직도 처방은 가능할까〉, 〈발견해야 할까〉로 이루어지는 반복어 형식으로 되묻는 외형률의 음위율이 이를 증명하고 있다. 관념적으로 시인이 찾아가는 자아의 표출이 매우 논리적인 시로 평가할 만하다.

> 오늘도 무수히 열람하는 하루의 순서
> 그것은 현재를 살기 위한
> 하나의 몸부림이요 자존심이다
>
> 하루를 편애한 말들의 언어로
> 낮과 밤의 습관을 나누어 가지는
> 탁월한 은혜 같은 날
> 저 선연한 약속들의 조율을 위해
> 무수한 인내를 키우며
> 현재를 참을성 있게 비우는 것은
> 비운 만큼 큰 사랑의 무게로 오는
> 내일의 위대함을 얻기 때문이다
>
> 모든 것이 한 근원으로 일어서듯이
> 생명을 유지하는 목마름처럼
> 한 존재를 꿈꾸는 행복은
> 어디서든 신앙처럼 산다
>
> ──「행복 찾기」 전문

 인간의 궁극적인 목적은 삶이 지속하는 한 행복한 일상을 갖기를 원한다. 자신의 행복, 가족의 행복, 주위의 행복으로 마무리되는 유토피아적 삶의 근원적 목표는 인간이 수명이 다할 때까지 지속될 것이다. 평범한 시로 보이지만 싯적인 수사와 묘사를 정연한 위치에 놓음으로써 동일성과 동질성으로 마무리되는 소통이 한결 돋보이는 시로 분류할 만하다.

맨끝연의 4행 〈모든 것이 한 근원으로 일어서듯이/ 생명을 유지하는 목마름처럼/ 한 존재를 꿈꾸는 행복은/ 어디서든 신앙처럼 산다〉의 마무리는 참으로 일품이다. 우리가 그토록 기리는 행복은 한 존재의 목마름처럼 그것을 꿈꾸고 바라고 소원하는 자만이 가질 수 있는 성과물인 것이다.

결과적으로 말하자면 행복은 추구하는 목적의식과 꾸준한 자기 노력으로 이루어진다고 명징짓고 있다. 첫연을 이론적으로 회자했다면, 2연은 실제 상황적 인식을, 3연은 단호한 결어로 표제어의 모범답안을 제시하고 있는 이 시는, 특히 결구인 〈어디서든 신앙처럼 산다〉는 행복 찾기의 여러 현실적인 시어와 공감각적synesthetic인 시어로 대단원을 이루는 구실을 함으로써 시의적절한 높이를 가지는 가편이라고 생각된다.

낯설지 않은 다리 위에서
다리 아래의 현재를 생각한다
어쩌면 억울하게 놓인
위와 아래-
타인처럼 낯설다

생각은 늘 어긋나는 것
한 몸이지만
서로의 것이 아닌 위와 아래

오, 길은 끝나고
끝나서도 보이지 않는 존재 하나
비로소 소통으로 하나가 되는
다리의 위와 아래는
우리가 평생 조심스럽게

> 짐지고 가는 교훈 하나다
> ———「위와 아래」 전문

여기서는 한 자연이나 인위적인 구조물인 다리의 위와 아래를 지칭하는 것이 아니라, 우리 인간의 보편적인 삶 속에 은연중 존재하는 계급이나 직급 혹은 부(富)와 명예의 아래 위를 지칭하는 것으로, 하나의 살아가는 가치관의 존재론을 위와 아래 즉, 상하관계로 명징지은 것이다. 삶과 형평성의 전유물이 된 위와 아래는 참혹한 현실론으로 우리 주위에 기생하며 본의 아닌 인간의 서열이나 차별성이 되어 우리를 곤혹하게 하고 있는 것이다.

이 시는 우리 시대의 시대상을 간접 풍자하고 있는 시로 우리들의 이해를 돕고 서로의 상관관계나 삶의 본질과 존재감을 더욱 부각시키며, 다른 사람으로부터의 존경과 존중을 받는 인격이나 권력이나 명예욕으로 자기를 과시하고 싶은 심리적 묘사가 저변에 깔려있다. 이는 인간의 속성상 누구나 가지는 하나의 이상론으로 치부할 수 있겠으나, 결국 계급이나 권력 지향적인 상하관계는 늘 기본이 중시되는 존재와 소통이 중심이 되어야 한다는 교훈적 주지를 은유하고 있다.

즉, 〈오, 길은 끝나고/ 끝나서도 보이지 않는 존재 하나〉는 한 인생이 경쟁적 삶을 지나고도 끝내 보이지 않는 존재감(혹은 사람)은 비로소 많은 사람들로부터 인지되고 더불어 소통되는 그 사람의 인격과 품위를 지칭하는 것으로, 그 위상의 높이와 깊이를 우리가 삶을 유지하는 동안 평생을 짐지고 갈 교훈 하나라고 명징짓고 있는 것은 참으로 시의적절한 의미적 요소라 생각된다.

모두들 어디론가 떠나고 있다
사람도 구름도 차들도
목적지에 닿기 위해
모든 시름과 체면을 버린 채
또 다른 세상의 발자취를 남기기 위해
마치 살아있다는 징표로
자기를 이끌며 어디론가
시간과 거리를 재며 떠나고 있다

한순간 이 세상에서 사라지는 것들을
미처 헤아리지 못한 채
인내하듯 말없이 움직이는
살아있는 것들의 사이
시간 따라 헤아릴 수 없는 이유들도
운수처럼 따라 나선다
영겁의 세월을
무릇 이 지구상에 해가 뜨고 지듯이

─────「세상보기」 전문

    전·후반부 각 8행으로 구성된 이 시는 다변화된 인간사회의 생활적 의미 외에도 철학적인 명상을 가미한 깊이의 시이다. 우리 인간들은 태생적인 환경을 거론하기 전에 붙박이인 식물이나 무생물과는 달리 동적 정적인 의미를 지닌다. 즉, 모두들 나름대로 움직이며 생활하고 목적한 이상을 추구하기 위한 일념으로 혹은 어떤 목적의식으로 자기 영역을 개척하며 보람과 뜻을 지니는 변화variation의 중심에 있는 것이다.
    전반부 끝행의 〈시간과 거리를 재며 떠나고 있다〉는 이 시의 수사의 의미에 일미를 더한 시어로 각자의 목표와 방향 설정에 따라 시간과 세월을 계산하며 사는 삶의 지혜를 표징함으로써, 후반부의 연결고리로 재탄생시키는 역할을 하고 있다.

즉, 전반부와 후반부를 확연히 구분 지음으로써, 의미적 요소로 분별되는 세월과 현실을 분리 시킴으로써 이 시의 묘미를 더하고 있다고 보여진다. 그리고 여기서 우리는 삶의 연속성 때문에 온전히 살아있는 모든 것의 경쟁 때문에 미처 사라지는 것들을 헤아리지 못한다는 후반부의 시적 의미로 보아 경쟁적인 현재만을 독식한 채 과거를 너무나 소홀히 한다는 의미로. 물질문명 만능시대에 일침을 가하고 있는 문명비판적인 저항시로 분류할 만하다.

> 오늘도 나는 건널목의 빗장을 연다
> 오래된 습관처럼
> 지난날의 허물을 벗어버리고
> 순수하고 정결한 아침을 위하여
>
> 투명한 삶의 행로를 정연한 논리로
> 하루를 셈하며
> 그 많은 사람들과 어울릴
> 지도에도 없는 작은 건널목을 향하여
> 빗장을 연다
>
> 이미 스스로 통과한
> 하루의 목록을 정리하며
> 길의 길 위에서
> 하루를 지킨 나를 돌아보며 조심스럽다
> 오밤중 삐걱이는 문에 귀를 세우듯이
> ──「교차로」 전문

교차로는 어쩌면 새로운 하루의 출발점이요 이정표이기도 하다. 즉, 시작과 과정, 귀환으로 대별되는 중심적 역할을 하기 때문이다. 우리는 하루의 일상 즉, 시간적인 관념을 의식하지 못한 채 수많은 교차로를 통과한다는 묘사를 '빗장을 연다'로 은유하고 있는 이 시는, 교차로는 곧 삶을 유지하는 근본이요 살아있다는 표준이며 미래를 향한 목표지향적인 인생길이라고 명징짓고 있다.

　역동적dynamic인 이 시가 주는 메시지는 하루를 사는 긴장감이다. 매일 우리와 마주하는 교차로는 오늘의 일과나 기분이나 모든 것의 합일에서 오는 마무리를 전제하고 있기 때문이다. 순간의 실기는 엄청난 부메랑으로 돌아오는 결과론에 유의할 것을 거듭 주장하고 있는 이 시는, 우리가 통과하는 하루의 습관과 인간관계의 대면과 순간의 일각도 주의하라고 거듭 강조하고 있는 주지시이다.

　2연의 〈투명한 삶의 행로를 정연한 논리로/ 하루를 셈하며〉가 바로 그것이다. 길 위에서 하루를 지키며 셈하며 이익과 손해를 은연중 계산하는 우리의 인생을 간접 비유한 이 시는, 맨 끝연 결구인 〈오밤중 삐걱이는 문에 귀를 세우듯이〉도 역시 교차로의 의미를 함묵하며 계속되는 일상을 꿈결에도 의식하며 유지되는 삶의 간절한 긴요성을 강구하고 있는 잠언시로, 의미적 요소의 시로 귀결되고 있는 가편이다.

　　　오늘의 존재를 계산하면
　　　늘 이익과 손해는
　　　웃음과 눈물 안의 기억으로 온다

　　　순간과 기회를 실기한

잃어버린 뻔한 실수 하나도
이웃과의 불필요한 논쟁도
이 시대의 사람과 사람 사이에서
소설이 되는 저녁 무렵

오늘을 활약한
인생의 멀고도 긴 미로를 챙기며
서로를 기린 모든 것들에 감사하며

나를 알아야 비로소 보이는
오오, 가지 끝에서 우는 새들의
사연을 읽는 밤
　　　──「일기」 전문

　4연으로 구성된 이 시가 하나의 변별력으로 상호보완적인 시로 완성되는 주조는 시인이 가지는 진솔한 삶의 진정성과 생의 가치관이 일조했기 때문일 것이다.
　일기는 사실 거짓이 없는 진실의 일상과 느낌과 생각을 기록하는 자신의 자취요 흔적인 것이다.
　직유시가 가지는 이 시는 평범한 일상을 유화하고 있는 일면 내용미의 설정은 여러 사실적 의미로 회자되고 있다. 1연의 자기성취와 실패로 귀결되는 요소와, 2연의 과정과, 3연의 자기도취와 반성, 그리고 4연의 마음 비우는 명상적 관계를 지니는 시행으로 나뉘고 있다.
　맨끝연의 3행 〈나를 알아야 비로소 보이는/ 오오, 가지 끝에서 우는 새들의/ 사연을 읽는 밤〉에서 절정을 이룬다. 현재의 자기와 미래의 자기를 유추하며 닿을 수 없는 이상과 희망, 행복적 한계의 근원을 은유하는 공중 높게 '가지 끝에서 우는 새를' 명징지음으로써 결코 이루어질 수 없는 현실을 비유하고 있다. 특히 '가지 끝에서'는 막다른 골목의 자신의 심성을 빼어나게 묘사하고 있다. 보통의 사람들이 지니는 일과표를 표준으로 자신을 비워야 비로소 보이는 이상적인 삶을 관조한 4연은 단연 압권이다. 명상적인 세계가 지배하는 철학적인 의미도 함께 내포하고 있기 때문이리라.

> 먼동 트는 아침 떠난
> 열차의 긴 꼬리—
> 두 줄기로 나뉜 간격 사이
> 조금도 양보 하지 않는 레일 위로
> 온갖 사람들의
> 희비와 교차하는 마음들이
> 좁혀지지 않는 시선으로 머물고 있듯
> 멀리서 보면 하나의 소실점인데
> 영원한 불일치의 평행선으로 달리는
> 너와 나의 간극처럼
> ──「철길」 전문

이 시는 형식적 요소를 배제한 주지적 개념의 뚜렷한 개성과 특징성이 가미된 시들이 주제를 소화하는 넓이와 무게를 함께 지닌다. 10행의 이 비연시는 철길을 표제어로 한 시이지만 인간의 상반된 논리나 서로의 유불리를 계산하는 본능적인 마음, 그리고 삶을 유지하는 방향 즉, 개성이나 품성, 인성 등에 근거한 그 간극을 결코 초월할 수 없다는 정신적인 논리와 심리적 묘사를 저변에 깔고 있다.

우리의 자유시 free verse가 가지는 모호성을 극복한 충실한 내용미를 간직한 이 시는, 일면 양면성을 가지는 시로 우리가 똑같은 생각과 뜻과 이상의 미래를 가진다면 결코 이 세상이 발전과 부흥을 할 수 있겠느냐고 되묻고 있는 화자 역할을 하고 있는 시이다. 아포리즘aphorism의 한계를 뛰어넘는 이 시는 절제와 균형미가 가히 일품이다.

더구나 발상적인 전환이 군더더기나 사설이 없는 내용미로 일치하고 있는 것은 시인이 가지는 싯적 역량에서 오는 높이일 것이다.

이상 도종길 시인의 시들을 일별해 보았다. 도종길 시인의 싯적 발상과 구성은 다양한 면모의 사람들과 함께 한 인간관계의 사회적 인식과 서정적 발아에서 온다.

특징성의 자연미를 접목시킴으로써, 신선하고도 참신한 이미지의 시들이 인간세계의 폭넓은 삶의 안에서 각기 제 목소리로 발효되고 있다.

이는 시인의 인성과 품격에서 오는 보다 유효한 삶의 인식과 무관하지 않을 것이다. 더욱 발전적인 문운형통의 길이 더욱 진전되기를 바란다.

두손푸름시인선 75

오래 머물고 싶은 길
| 도종길 시집

인쇄일 | 2014년 12월 3일
발행일 | 2014년 12월 15일
지은이 | 도종길
펴낸이 | 최장락
펴낸곳 | 도서출판 푸름사
주　소 | 부산광역시 부산진구 부전로 35 삼성빌딩 301호(부전2동)
　　　　전　화 : (051)805-8002　팩스 : (051)805-8045
　　　　전자우편 : doosoncomm@daum.net
　　　　출판등록 제329-2009-000010호

ⓒ 도종길 KOREA
값 10,000원

ISBN 978-89-94839-10-3-03810

＊저자와 협의에 의해 인지를 생략합니다.
＊잘못 만들어진 책은 바꾸어 드립니다.

「이 도서의 국립중앙도서관 출판시도서목록(CIP)은 서지정보유통지원시스템 홈페이지(http://seoji.nl.go.kr)와 국가자료공동목록시스템(http://www.nl.go.kr/kolisnet)에서 이용하실 수 있습니다.(CIP제어번호: CIP2014035680)」